Louis Brandt

Anweisung über das untrügliche Erkennen des Pferdealters

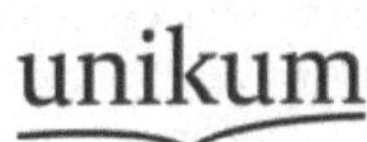

Louis Brandt

Anweisung über das untrügliche Erkennen des Pferdealters

ISBN/EAN: 9783845723228

Erscheinungsjahr: 2012

Erscheinungsort: Bremen, Deutschland

www.unikum-verlag.de | office@unikum-verlag.de

Bei diesem Titel handelt es sich um den Nachdruck eines historischen, lange vergriffenen Buches. Da elektronische Druckvorlagen für diese Titel nicht existieren, musste auf alte Vorlagen zurückgegriffen werden. Hieraus zwangsläufig resultierende Qualitätsverluste bitten wir zu entschuldigen.

Louis Brandt

Anweisung über das untrügliche Erkennen des Pferdealters

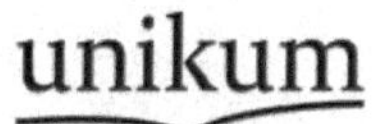

Anweisung

über das untrügliche

Erkennen des Pferdealters.

Von

Louis Brandt,

Thierarzt.

Mit 46 Holzschnitten von G. Kaehrle.

Preis $1.

Indianola. Texas, 1860.

Druck von G. B. Teubner, 10 Spruce Street, New-York.

Vorrede.

Es giebt selbst unter den Thierärzten Wenige, die mit Bestimmtheit das Alter eines Pferdes angeben können, wenn solches über acht Jahre alt ist; wie viel weniger kann man es von denjenigen erwarten, welche keine anatomischen und physiologischen Kenntnisse vom Pferde besitzen?

Es wird Pferdehändlern vorgeworfen, daß sie die Käufer, in Beziehung der verkauften Thiere sehr oft täuschen. Man sollte jedoch dies kaum von einem Händler, dem daran liegen muß, seinen guten Ruf zu erhalten und auszubreiten, erwarten; in der Regel befindet er sich selbst im Unklaren über das Alter seiner Pferde.

Diesen Täuschungen auf beiden Seiten zu begegnen und den Käufer, wie den Verkäufer in den Stand zu setzen, das Alter eines Pferdes unfehlbar zu bestimmen, wenn er nachfolgende Beschreibung mit Sorgfalt gelesen hat, ist der Zweck dieses Buches.

Einem Jeden, der ein Pferd kaufen will, sich aber früher nicht mit dessen Studium beschäftigt hat, wird es schwer fallen, blos nach einmaligem Durchlesen des Buches, alle Regeln im Gedächtniß zu behalten. Das Format desselben ist ein solches, um es bei jeder vorkommenden Gelegenheit in der Tasche mit sich zu führen

Als Thierarzt theoretisch und praktisch gebildet, hatte der Verfasser Gelegenheit, Tausende von Gestütpferden zu untersuchen und nach den hier niedergelegten Regeln deren Alter zu bestimmen.

Dieselben erwiesen sich stets im höchsten Grade zuverlässig.

Der Werth jenes eben so schönen wie nützlichen Thieres, ist sehr verschieden in den verschiedenen Altersstufen und gerade darüber ist man so oft im Unklaren, so daß es wünschenswerth, ja nothwendig erscheint, daß das Publikum einen zuverlässigen Führer besitze, um das Pferdealter genau zu bestimmen.

September 1860.

Der Verfasser.

Einleitung.

Das Alter eines Pferdes kann mit Sicherheit nur durch die Zähne, und zwar am besten durch die Schneidezähne bestimmt werden. Da es nur die mit den fortlaufenden Jahren gleichförmig fortlaufenden Veränderungen an den Zähnen der Pferde sind, woraus die zuverlässigsten und bestimmtesten Kennzeichen des Alters hergenommen werden, so ist vor allem nothwendig, sich mit diesen Veränderungen der Form, Abreibung, dem Nachwuchs u. s. w. genau bekannt zu machen.

Durch nachstehende Beschreibungen und Zeichnungen, wird es einem Jeden, ohne Ausnahme leicht werden, das Alter eines Pferdes mit Genauigkeit zu bestimmen.

Ein Füllen wird ohne alle Schneidezähne geboren, jedoch hat es 12 Backenzähne, 3 in jedem Kiefer, die wenigstens schon mit ihren Spitzen das Zahnfleisch durchbrochen haben. Binnen 14 Tagen nach der Geburt brechen ihm 4 Zangen, binnen 6 Wochen die Mittelzähne, und binnen 8 Monaten die 4 Eckzähne durch, so daß es in 9 Monaten 24 Zähne im Ober- und Unterkiefer hat. Diese Zähne nennt man Füllenzähne; sie wechseln alle, bis zum fünften und sechsten Jahre. Die dann kommen, werden Pferdezähne genannt.

Die Backenzähne kommen in folgender Ordnung heraus: Die drei vorderen Paare sind, wie gesagt, schon bei der Geburt vorhanden und werden gewechselt. Die vierten Doppelpaare, als die allerersten unter den verbleibenden, brechen nach dem neunten Monate hervor, und sind bei jedem einjährigen Füllen gewiß schon gegenwärtig. Die fünften Vier brechen im zweiten, oft aber erst im dritten und die sechsten gewöhnlich im vierten, manches Mal auch erst im fünften Jahre durch. Alle diese drei hinteren Doppelpaare sind keinem Wechsel unterworfen. Eben so wenig unterliegen demselben die vier Haken- oder Hengstzähne, die unter allen in Rücksicht ihrer Ausbruchszeit die unbeständigsten sind. Sie kommen ein Mal zu Ende des dritten, ein ander Mal in der Mitte oder zu Ende des vierten, öfter in der Hälfte, seltener zu Ende des fünften, zuweilen aber auch erst im Anfange des sechsten Jahres zum Vorschein.

Die Beschreibung der Backen- wie Hakenzähne, da sie zur Bestimmung des Alters nur wenig beitragen, kann füglich übergangen werden. Allein, desto mehr Aufmerksamkeit verdienen in dieser Hinsicht die Schneidezähne.

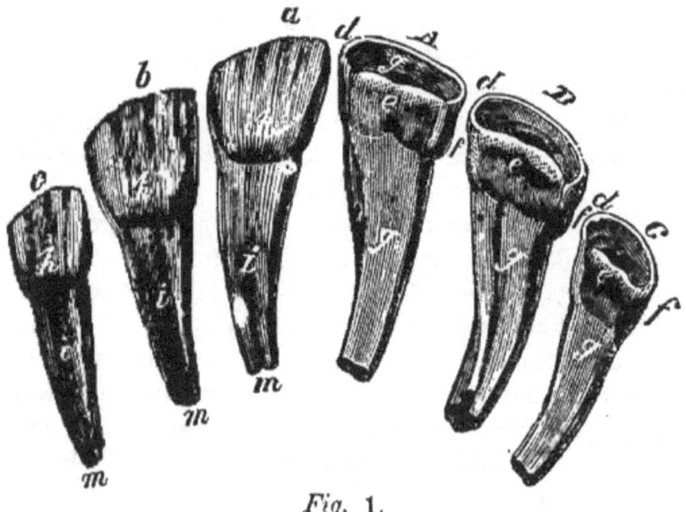

Fig. 1.

Stellt vor die an der rechten Seite des Unterkiefers gelagerten drei Milchschneidezähne, in ihrer vollendeten Ausbildung, und in der natürlichen Größe, wie sie aus der Kieferhöhle gezogen, sich zeigen.

a. Die Zange.

b. Der Mittelzahn.

c. Der Eckzahn.

Sie zeigen die nach außen gekehrte gewölbte Fläche: *h* den verengten Körper, *i* ihren verengt gewölbten Hals, *m* die Wurzel.

A, *B*, *C*, zeigt diese Zeichen an der eingebogenen, gegen die Höhle des Maules gekehrte Seite.

Die Kunde wird von dem äußern Rande *d A f*, *d B f*, *d C f*, und dem innern mehr niedrigen Rande *d e f*, eingefaßt.

g zeigt die ausgehölte inwendige Fläche des Körpers im Zahne.

Die Schneidezähne der Füllen unterscheiden sich von den Pferdezähnen: 1) durch ihre kegelförmige Form; 2) daß sie an ihrem Körper fast in der Mitte eine Verengung, die man den Hals derselben zu nennen pflegt, zeigen, welches den Pferdezähnen gänzlich mangelt; 3) sie sind nach allen Ausdehnungen kleiner, als die Pferdezähne. Die wahre Länge der Milchzähne, ist fast um die Hälfte kleiner, was man jedoch an den lebenden Pferden nicht sehen kann. Auch die geringere Breite ist nicht zuverlässig. weil Milchzähne von großen Füllen fast so breit aussehen, wie die Pferdezähne kleinerer Pferde. Wenn indeß die Zangen schon Pferdezähne sind, so stehen die nebenstehenden Mittel- und Eckzähne durch ihre Kleinheit gegen die Zangen sehr ab, und verrathen sich leicht als Milchzähne; noch deutlicher thun dies die Eckzähne, wenn die Mittelzähne schon gewechselt haben; 4) daß vorzüglich an Füllenzähnen die äußere Fläche glatt und braun gestreift, an Pferdezähnen aber dieselbe Fläche durch eine nach der Mitte laufende, gelbschmutzige Furche, die an den Oberzähnen zuweilen doppelt angetroffen wird, getheilt ist. Die letzten zwei Unterscheidungszeichen sind hinlänglich, damit man nicht in irriger Weise einen Füllenzahn für einen Pferdezahn halte.

Von der Gestalt der Schneidezähne.

Um sich mit der Gestalt der Schneidezähne genau bekannt zu machen, müssen solche von getödteten Pferden, in verschiedenem Alter, aus den Kinnbacken ausgelöst und genau betrachtet werden. An jedem Schneidezahn ist zu unterscheiden: 1) ein Reibende, mit welchem jeder Zahn aus seiner Zahnhöhle, über das Zahnfleisch hinaus sichtbar hervorsteht, und welches anfänglich, in eine trichterförmige Höhlung, hernach aber in eine glatte ebene Fläche ausgeht; 2) ein Körper, welcher theils vom Zahnfleisch entblößt, und äußerlich sichtbar, theils aber darin und in der Zahnhöhle eingeschlossen und verborgen ist; 3) ein Wurzelende, mit welchem sich jeder Zahn in die Zahnhöhle einsenkt. Sowohl die Füllen- als Pferdezähne erleiden durch das Kauen und Beißen an ihren Reibenden einen beständigen, aber langsamen Verlust ihrer Zahnmaterie, wodurch nicht allein die Figur eines jeden Reibendes sich von Jahr zu Jahr verändert, sondern auch die wahre Länge des Zahnes stets mit den laufenden Jahren, oft auch ganz verhältnißmäßig und gleichförmig abnimmt, und sich mit dem höchsten Alter, bis auf die Kürze eines halben Zolles verliert, während sie in der Jugend 2½ bis 3 Zoll betrug.

Die Breite und die Länge des Zahnes, nehmen beide mit der Zeit im selben Verhältniß ab.

Die Dicke wie die Breite, wird bei den Füllenzähnen von dem Reib- bis zum Wurzelende immer geringer; umgekehrt bei den Pferdezähnen.

Die Gestalt eines Füllenschneidezahnes ist einzutheilen: 1) in dessen Reibende; 2) in eine äußere, gegen die Lippen gekehrte gewölbte, und 3) in eine innere, eingebogene, gegen die Mundhöhle gerichtete Fläche, welche beide letzten in der Wurzel des Zahnes zusammenlaufen.

Das Reibende eines jeden noch nicht gebrauchten Füllen- und Pferdezahnes ist eiförmig, und drei Mal so breit als dick, trichterförmig ausgehölt, und mit zwei Schneideenden, welche diese Höhle umgeben, versehen.

Wir wollen diese Höhlung Kunde nennen.

Mitten in dieser Kunde ist ein Kern zu sehen, welcher ein bei dem Wurzelende anfangender Röhrengang für Nerven und Gefäße ist, und der, mit der ganz verschiedenen Zahngrube (Kunde) nicht verwechselt werden darf.

Die Kunde, als äußere Höhlung, ist auch mit der innern Höhlung nicht zu verwechseln, die sich in jedem jungen, noch nicht bis auf den Kern ausgeriebenen, und nur noch blos aus der Schmelzwand bestehendem Zahne befindet, und im lebenden Zustande mit einer breiartigen, nach und nach zur grauen Zahnmaterie anschießenden Flüssigkeit angefüllt ist. Jene geht an den untern Schneidezähnen im Durchschnitt genommen Vier, und an den obern Acht Linien in den Zahn hinein, und wird mittelst einer eignen, trichterähnlich gebildeten Schmelzwand, von der erwähnten innern Höhlung gänzlich geschieden. Von den Rändern ist einer der äußere, der zugleich die Grundlinie der äußern Fläche, und einer der innere, der die Grundlinie der innern Fläche ausmacht. Der äußere ist bei jedem Zahne viel höher als der innere, über den er um 1 bis 2 Linien hervorragt, so daß, wenn sich die kürzlich ausgebrochenen, obern und untern gleichnamigen Schneidezähne zu berühren und zu reiben anfangen, sie es eine beträchtliche Zeitlang nur allein mit den beiden äußern Rändern thun können. Die innern treten nicht eher in Berührung, als bis die äußern den Ueberschuß ihrer Höhe verloren und mit den innern auf gleiche Höhe abgerieben sind; wozu bei den Pferdezähnen gewöhnlich der Zeitraum eines ganzen Jahres erforderlich ist.

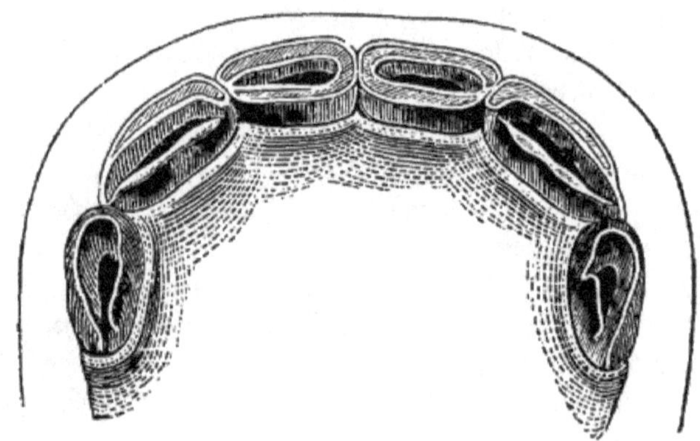

Fig. 2. $1/2$ Jahr

Zeigt einen Unterkiefer eines $1/2$ Jahr alten Füllen. Von innen betrachtet sieht man die beiden Zangen, den äußern und innern Rand, die Mittelzähne nur am äußern Rande abgerieben, wo die Eckzähne noch nicht in die Reibung gekommen.

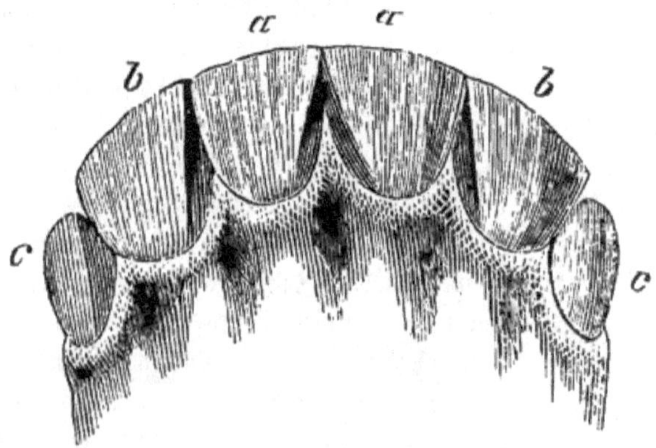

Fig. 3. $1/2$ Jahr.

Die Ansicht eines $1/2$ Jahr alten Füllenkiefers von der äußern Seite.

a. a. Die Zangen.

b. b. Die Mittelzähne.

c. c. Die Eckzähne.

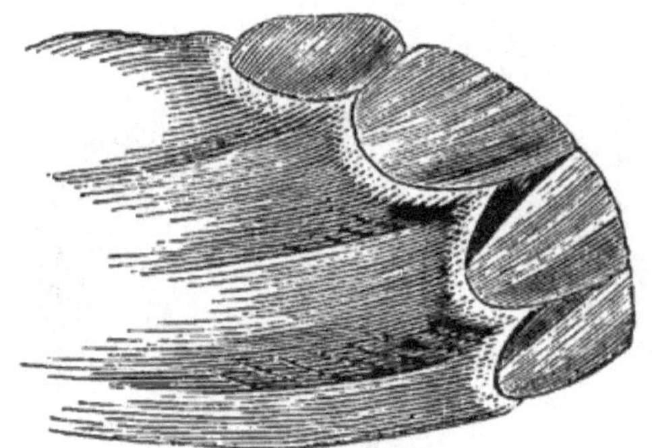

Fig. 4. ½ Jahr.

Ein von der Seite abgebildeter Kiefer eines halbjährigen Füllen.

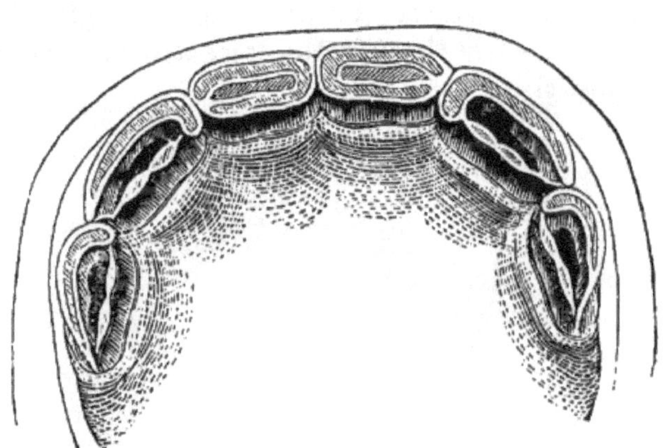

Fig. 5. 1 Jahr.

Zeigt einen 1 Jahr alten Unterkiefer, wo alle Schneidezähne sich in der Reibung ihrer Ränder befinden, und nur der innere Rand des Eckzahnes noch unversehrt ist.

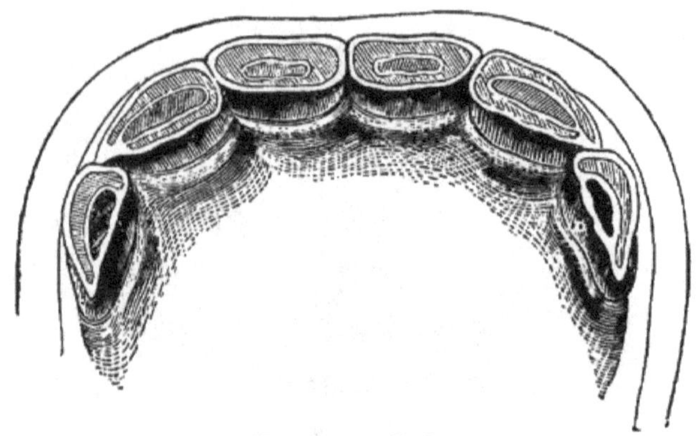

Fig. 6. 2 Jahre.

Ist ein 2 Jahre alter Unterkiefer, an dem die Zangen und Mittelzähne ihre Ränder und Kunden abgerieben, und der Eckzahn seinen innern Rand mit in die Reibung gebracht hat.

Mit $2^{1}/_{2}$ Jahr fängt der Zahnwechsel an, und die Zähne die jetzt kommen, werden die bleibenden Zähne oder besser Pferdezähne genannt.

Beschreibung der Pferdezähne.

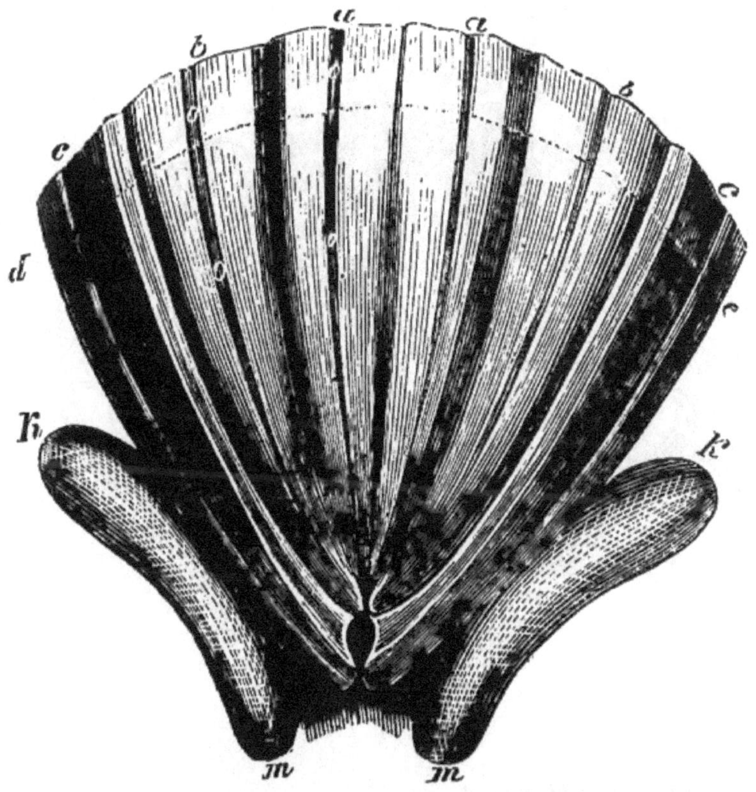

Fig. 7. A.

Stellt die Schneidezähne des Pferdes im Unterkiefer in ihrer Lage dar, wie sie mit ihrer gewölbt gebogenen äußern Fläche nach der entfernten knöchernen Zahnhöhlenplatte, sich dem Auge darstellen.

a a. Die beiden Zangen.

b. b. Die Mittelzähne.

c. c. Die Eckzähne.

k. k. Die Haken.

d. e. Ist die an der äußern Wand angezeigte Tiefe der Kunden.

o. o. Zeigt die Furche an, welche den Pferdezahn auszeichnet.

m. m. Die Wurzel der Haken.

Fig. 7. B.

Zeigt die Schneidezähne des Pferdes am Unterkiefer in ihrer Lage nach dem entfernten, sie sonst einschließenden Kieferknochen von der Seite, welche gegen das innere Maul gekehrt ist.

a. a. Die Zangen, wo an dem der rechten Seite die eingetretene Abreibung des äußern höhern Randes *d a* sichtbar wird, da sie an eben der linken Seite den innern Rand ergreift.

b. b. Die beiden Mittelzähne, wo an jenem der rechten Seite, der äußere Rand abgerieben zu werden beginnt und der innere noch unversehrt ist.

d. e. Zeigt als punctirte Linie die aus dem Zahnfleisch herausreichende Krone des Zahnes.

k. k. Sind die noch im Ausbruch begriffenen Haken.

m. m. m. m. Sind die mit der Knochenmasse noch nicht ausgefüllten Wurzeln der Zähne.

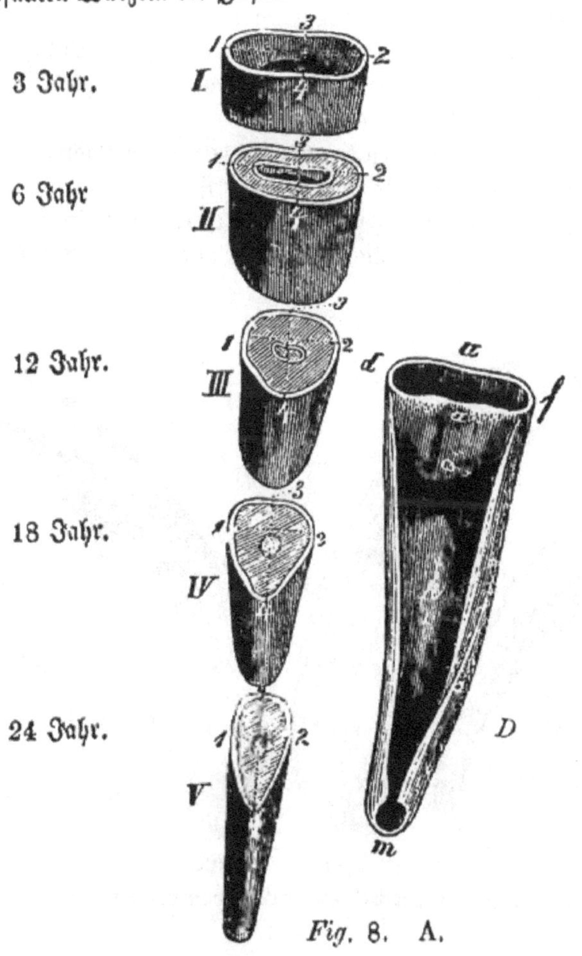

Fig. 8. A.

Ist ein nach der wahrscheinlichen Abreibung, und nach dem Fortrücken des nachschiebenden Zahnes zerschnittener Pferdeschneidezahn; eine Zange.

I. Zeigt seinen frischen Ausbruch mit dem Alter von 3 Jahren; 1 und 2 seine Breite, 3 und 4 die Dicke vorstellend.

II. Nach der 3 Linien hohen abgeschnittenen Krone erscheint die Reibfläche von einem 6jährigen Alter, wo die Breite 1 und 2 schon abzunehmen beginnt, und wegen der zunehmenden Dicke 3 und 4 eine eiförmige Gestalt annimmt.

III. Dieser Durchschnitt zeigt eine mehr gerundete Reibfläche von 12 Jahren, wo die Breite und Dicke in ein gleichförmiges Verhältniß treten.

IV. Eine schon dreieckige Reibfläche von 18 Jahren, wo die Breite gegen die Dicke schon geringer ist.

V. Ist eine schon zweimal so dicke als breite Reibfläche von 21 Jahren, wo die Breite 1 und 2 nur die Hälfte der Dicke 3 und 4 beträgt.

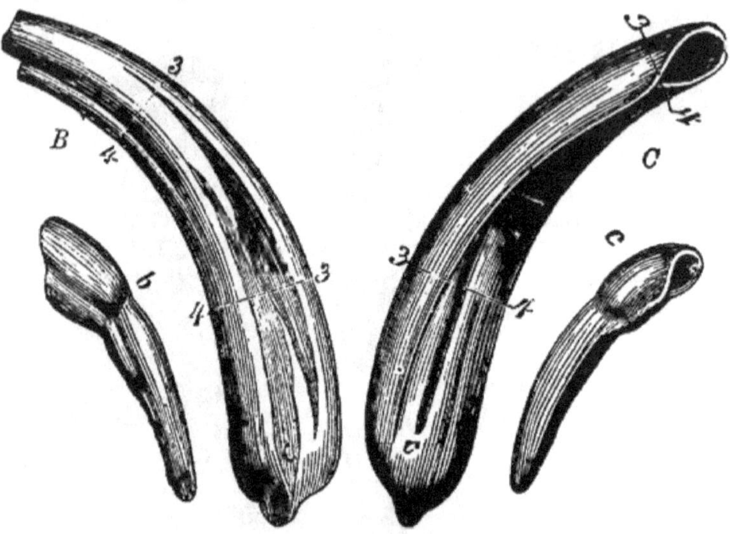

Fig. 8. B und C.

Stellt einen Pferdeschneidezahn, von der Seite betrachtet dar.

wo die Dicke an der Wurzel *c. c.* zwei Mal so viel beträgt, als am obern Ende.

b und *c.* sind zwei aus der Zahnhöhle ausgehobene Füllenschneidezähne, von der Seite abgebildet.

Fig. 8. D. (siehe Seite 15.)

Ist ein nach der Länge gespaltener Schneidezahn eines ausgewachsenen Pferdes.

d. a. f. Ist der äußere mehr erhobene Rand.

a. o. Die trichterförmige Höhle des Zahnes.

k. Der hohle Körper.

m. Die noch nicht ausgefüllte Wurzel des Zahnes.

Erwachsene Hengste und Wallachen besitzen in allen 40, die Stuten 36 wahre Zähne. Jene haben nämlich 4 Hakenzähne mehr, welche diesen mangeln, obwohl zuweilen auch bei diesen, an der Stelle der Haken, kleine, zahnähnliche Stümpfe gefunden werden. Unter dieser Zahl sind die sogenannten Wolfszähne, welche bei einigen jungen Pferden nächst den ersten Backenzähnen sitzen, nicht begriffen, weil sie keine wahren Zähne sind, nur in der Jugend vorkommen, oft durch das Zahnfleisch gar nicht hervorbrechen, und gewöhnlich mit 8 oder 9 Jahren wieder verschwinden.

Vierundzwanzig von den wahren Zähnen haben bei jedem Geschlechte ihren Sitz im obern, d. i. über dem Lippenwinkel liegenden Theile des Maules, in jedem Kinnbacken 12 und zu jeder Seite 6. Sie werden von unten aufwärts in 6 Doppelpaare eingetheilt, so daß die in allen 4 Reihen den Schneidezähnen am nächsten liegenden: die vordersten, ihre Nachbarn die zweiten, und so fort die dritten, vierten, fünften, und die letzten, die sechsten, Backenzähne heißen.

Zwölf andere sitzen im untern, von den Lippenwinkeln begrenzten Marle, 6 im Ober-, 6 im Unterkiefer, die von den Lippen bedeckt und bogenförmig neben einander gestellt, den Eingang in die Mundhöhle besetzen, und Schneidezähne heißen. Die innersten 4 (in jedem Kiefer 2) werden Zangen, die äußern 4 in beiden Kiefern die Eckzähne und die zwischen den Zangen und Eckzähnen sitzenden 4, Mittelzähne genannt.

Jeder Backen- und Schneidezahn in beiden Reihen des Unterkiefers stößt und reibt sich beim Kauen an seinem gleichnamigen Backen- und Schneidezahn in jeder Reihe des Oberkiefers; die Zähne des letztern sind jedoch alle breiter und dicker als die des erstern.

Die 4 Hakenzähne sitzen einzeln über jedem Eckzahn, näher jedoch von demselben am untern, weiter weg von ihm am obern Kiefer, so daß sie niemals wie die Backen- und Schneidezähne gegenseitig zusammenstoßen.

Die sämmtliche Anzahl der Zähne wird nicht eher vollständig und vollzählig, als bis das Pferd $4^1/_2$ oder 5 ganze Jahre zurückgelegt hat. Vor dieser Zeit hat es ihrer noch um so weniger im Maule, je jünger es ist, und die, welche es hat, sind nicht alle zum Verbleiben bestimmt. Die Gestalt eines bleibenden Schneidezahnes verhält sich so, daß, jemehr von seiner Länge durch Abreibung verloren geht, sich seine Breite auf eine gleiche Weise vermindert, und daß, jemehr die Reibfläche sich dem Wurzelende nähert, sie der Breite nach betrachtet um so schmaler, der Dicke nach aber um so stärker erscheinen muß.

Fig. 8. *A.* (s. S. 15.)

Zeigt hier am klarsten und ganz genau, wie sich die Reibfläche nach der Abreibung verändert.

Fig. 7. *A. k. k.* und Fig. 7. *B. k. k.* (s. S. 13 u. 14.)

Zeigen die Gestalt eines Hakenzahnes.

Die Figur eines jeden frischen Hakenzahnes stellt einen hakenähnlich gebogenen Cylinder vor, mit einem kegelförmig auslaufenden Reibende, welches mit einem löffelförmigen, gegen die Mundhöhle gekehrten Rande so eingefaßt ist, daß der Kegel von außen nicht gesehen werden kann, und hier das ganze Reibende, wie die gewölbte Seite eines Löffelchens aussieht. Der Rand umgiebt den einen halben Zoll langen Kegel gleich einem Schirm rings herum, so jedoch, daß zwischen beiden zwei tiefe Furchen zurückbleiben. Außer diesem Reibende ist der ganze übrige Körper gleich rund, und wo immer durchschnitten, giebt er fast gleichgestaltete Durchschnittsflächen.

Da die Hakenzähne kein bestimmtes Erkennen des Alters zulassen, so brauchen dieselben nicht weiter beschrieben zu werden.

Im Vorhergehenden ist gezeigt worden, wie man das Alter eines Füllen bis auf 2 Jahr genau bestimmen kann. Im Nachfolgenden wird gezeigt werden wie das Alter eines Pferdes, welches man nicht höher als 30 Jahre annehmen, selbst bis zu diesem Alter mit Sicherheit bestimmen kann. Um nun einen Anhaltspunkt zu haben, nimmt man die Zähne von Pferden mittlerer Größe als Norm an und berechnet hiernach in anderen Fällen das Alter; denn es ist klar, daß große Pferde verhältnißmäßig größere Zähne haben als kleine Pferde, das Alter kann aber bei beiden, nach denselben Regeln, wie den für Pferde mittlerer Größe angegebenen, berechnet werden.

Wie schon gesagt, geben die Schneidezähne die sichersten Merkmale zur Bestimmung des Pferdealters. Der Zahn eines Pferdes mittlerer Größe ist $2^1/_2$ bis 3 Zoll lang. Nachdem der neu gewechselte Zahn seine völlige Länge erhalten, schiebt er jedes Jahr ganz regelmäßig eine Linie nach, und haben die Zähne einen richtigen Stand, so reibt sich auch das Reibende jedes Jahr eine Linie ab.

Wenn nun die Zähne, wie es bei sehr vielen Pferden der Fall ist, zu weit nach vorn heraus stehen, so reibt sich der Zahn nicht in demselben Verhältniß ab, als er nachschiebt, wir sehen deshalb Pferde mit ganz langen Zähnen. Dies hindert aber nicht das Bestimmen des Alters, was später noch besonders erwähnt werden soll.

Mit 5 Jahren ist der Eckzahn eines jeden Unterkiefers 5 Linien lang, ein jeder Mittelzahn 7 und ein jeder Zangenzahn 9 Linien lang aus dem Zahnfleisch heraus gewachsen.

Mit 8 Jahren und älter ist jeder Eckzahn von demselben Pferde nur 4, jeder Mittelzahn 6 und jeder Zangenzahn 8 Linien aus dem Zahnfleisch heraus gewachsen.

Dies ist von Wichtigkeit, ja nothwendig zu wissen, weil man nur hierdurch, wenn die Zähne im höheren Alter länger oder kürzer sind als sie bei richtiger Abreibung sein sollten, im Stande ist, das Alter genau zu bestimmen.

Um nun dem Leser einen Anhaltspunkt zu geben, möge zuerst bei solchen Pferden die Bestimmung des Alters beschrieben werden, bei denen die Abreibung der Zähne mit dem Nachschub gleichen Schritt hält, wo also das oben erwähnte Längenmaß. nämlich das, was aus dem Zahnfleisch hervorsteht, immer dasselbe bleibt.

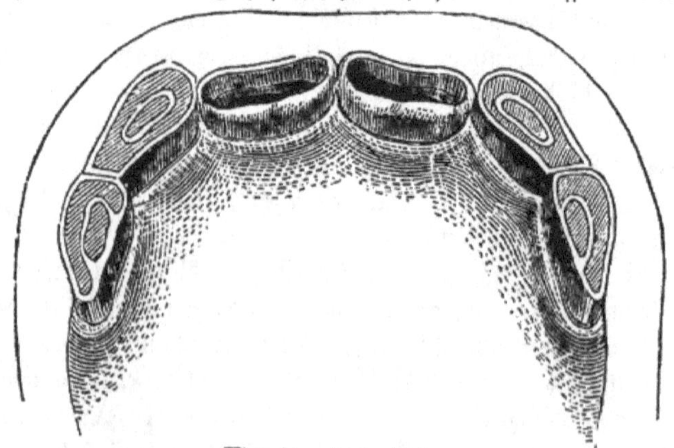

Fig. 9. $2^1/_2$ Jahr.

Zeigt einen $2^1/_2$ Jahre alten Unterkiefer, an dem die zwei Zangen als Pferdezähne im frischen Ausbruche und die Füllenzähne sich mit ausgebneten Reibflächen zeigen.

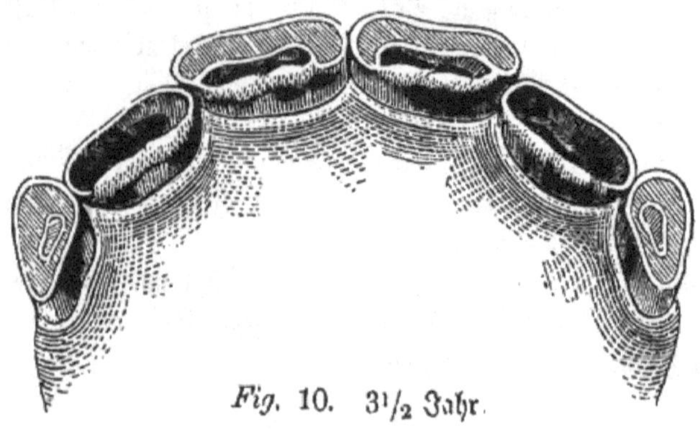

Fig. 10. $3^1/_2$ Jahr.

Ein 3½ Jahr alter Unterkiefer zeigt die im Durchbruch befindlichen Mittelzähne, neben dem an den Zangen sich schon reibenden äußern Rande und dem abgestumpften Eckzahn des Füllens.

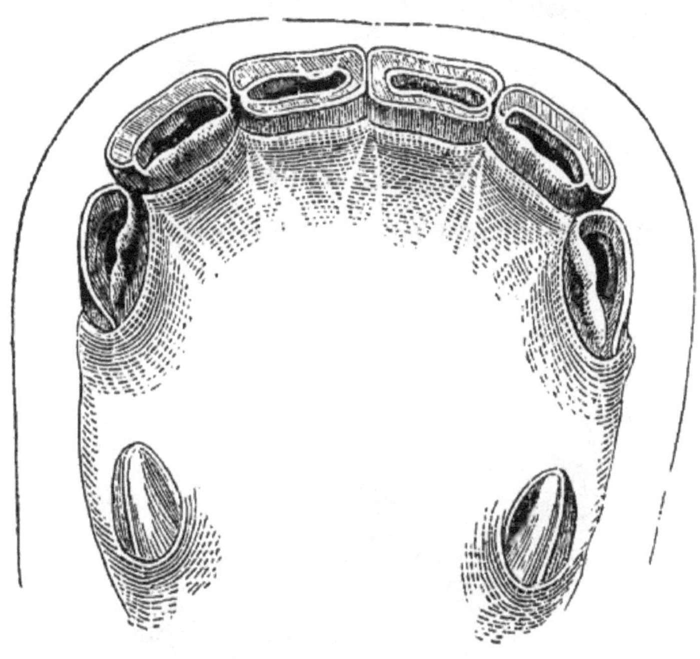

Fig. 11. 4½ Jahr.

Ein 4½ Jahr alter Unterkiefer. Man sieht an ihm die frisch aufgebrochenen Eckzähne und Haken, die nur am äußern Rande geriebenen Mittel- und die an beiden Rändern geriebenen Zangenzähne.

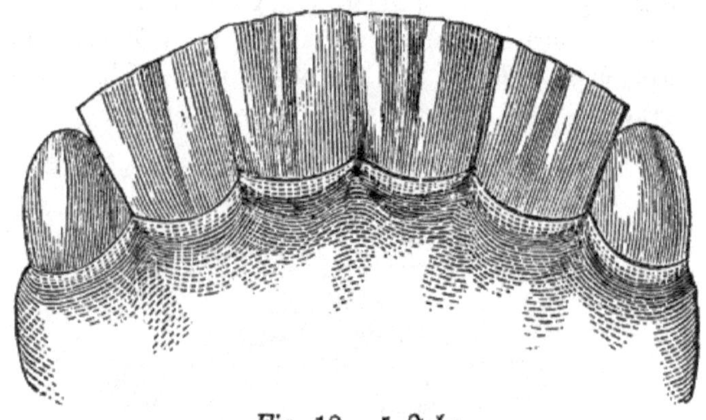

Fig. 12. 5 Jahr.

Ist die Ansicht eines 5jährigen Unterkiefers von außen, und

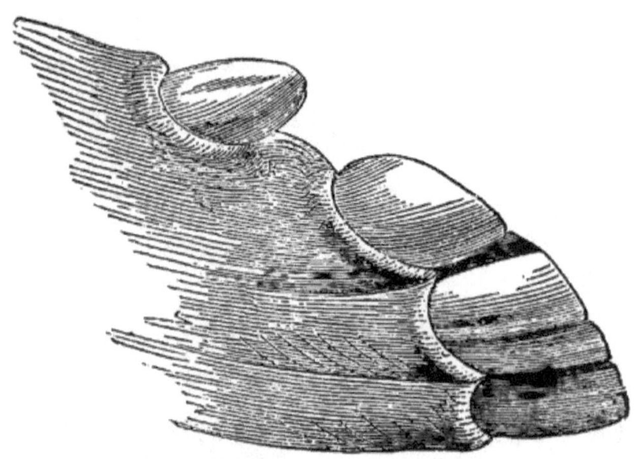

Fig. 13. 5 Jahr.

von der Seite.

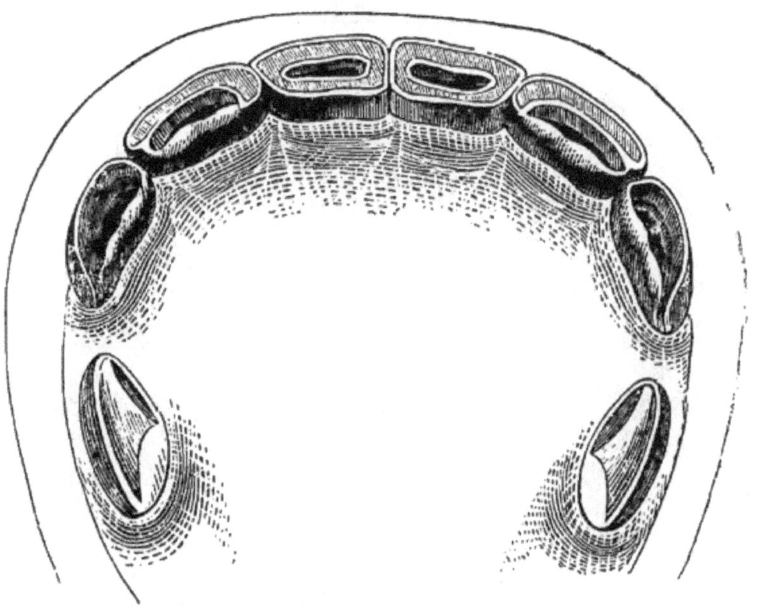

Fig. 14. 5 Jahr.

Ein 5 Jahr alter Unterkiefer, an dem die Zangen fast bis zum Verschwinden ihrer Kunden an beiden Rändern, die Mittelzähne nur am äußern Rande abgerieben sind, und die Eckzähne nach erreichter gleicher Höhe mit den übrigen in die Reibung treten. Die Haken sind ohne alle Abnutzung vollkommen ausgebildet.

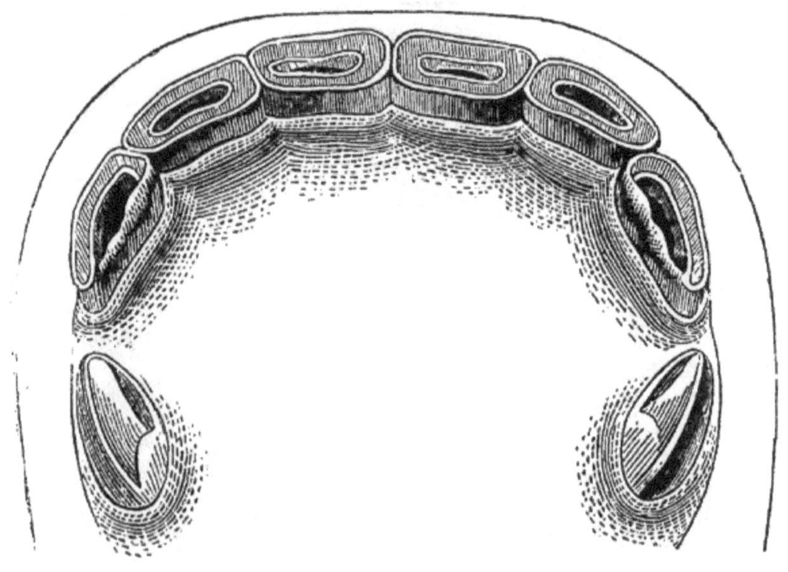

Fig. 15. 6 Jahr.

Zeigt im 6jährigen Unterkiefer die ausgeebneten Zangen; die Mittelzähne haben noch eine Höhle, während der Eckzahn am innern Raude mit dem äußern gleich gerieben ist.

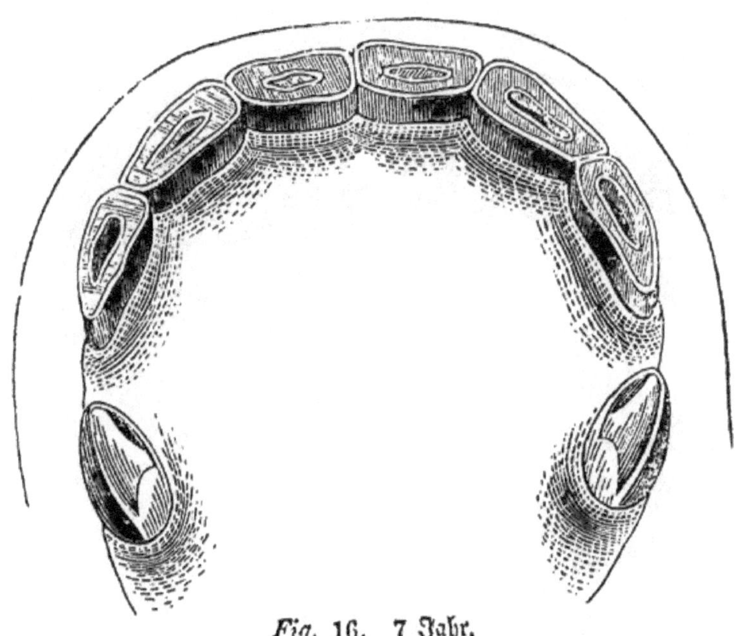

Fig. 16. 7 Jahr.

Mit 7 Jahr sieht man die Unterkiefer mit ausgeebneten Zangen- und Mittelzähnen. Die Eckzähne reiben sich mit den beiden Rändern und haben noch eine kleine Höhle. Die Haken haben von ihrer Einfassung mehr verloren, und ihr spitzes Ende rundet sich.

Zur Bestimmung des Alters sind die Hakenzähne, wie schon erwähnt, sehr unsicher, sie können daher nicht anders als mit Vorsicht zu Rathe gezogen und ihre Zeichen nur dann als gültig angenommen werden, wenn sie mit denen der übrigen Zähne übereinstimmen, außerdem darf ihnen durchaus keine Beweiskraft zugestanden werden.

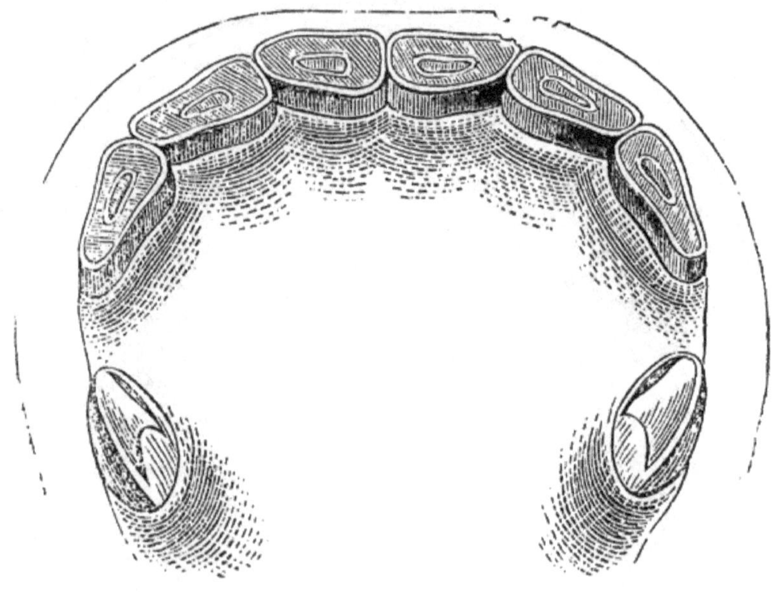

Fig. 17. 8 Jahr.

Ein 8 Jahr alter Unterkiefer, an dem alle Schneidezähne geebnet sind und am Eckzahne nur eine Spur der verlöschenden Kunde erscheint. Die Einfassung der Haken verschwindet fast bis zur Hälfte.

Wie schon früher bemerkt, sind die Kunden an den Oberzähnen noch ein Mal so tief, als in den untern, weshalb es auch noch ein Mal so lange dauert, ehe sie ausgerieben werden.

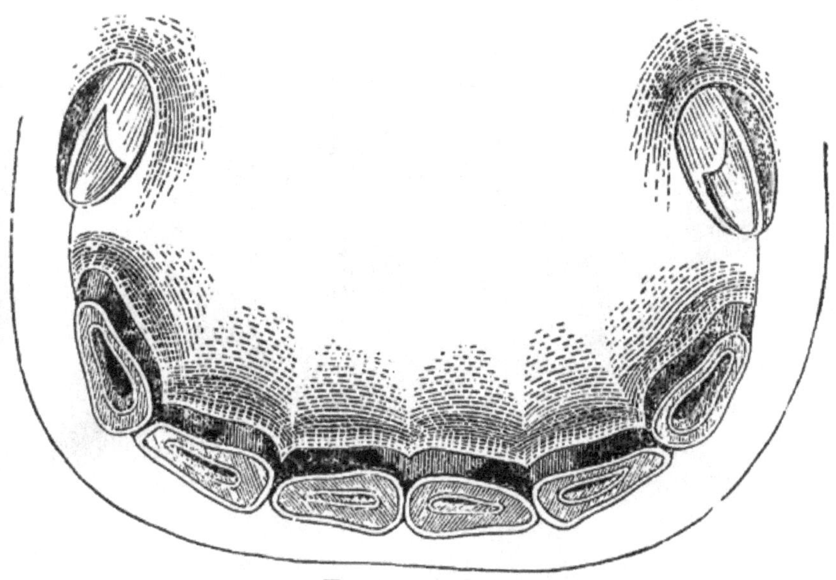

Fig. 18. 9 Jahr.

Ein 9 Jahr alter Oberkiefer zeigt die ausgeebneten Zangen, die Mittelzähne zeigen noch eine kleine Kunde. Beim Eckzahn ist die Kunde noch tiefer. Der innere Rand ist auch schon abgerieben, wodurch sich der Oberkiefer vom sechsjährigen Unterkiefer unterscheidet.

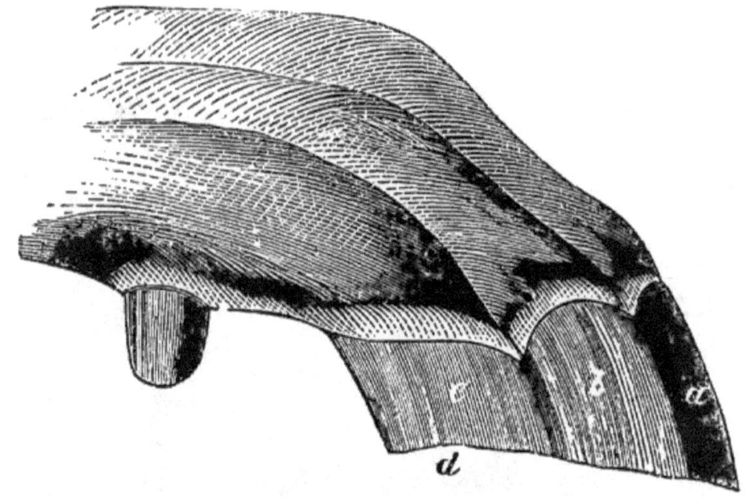

Fig. 19. 9 Jahr.

Zeigt den 9 Jahr alten Oberkiefer von der Seite, hierbei sieht man den sich gewöhnlich findenden Einbiß am Eckzahn *d*.

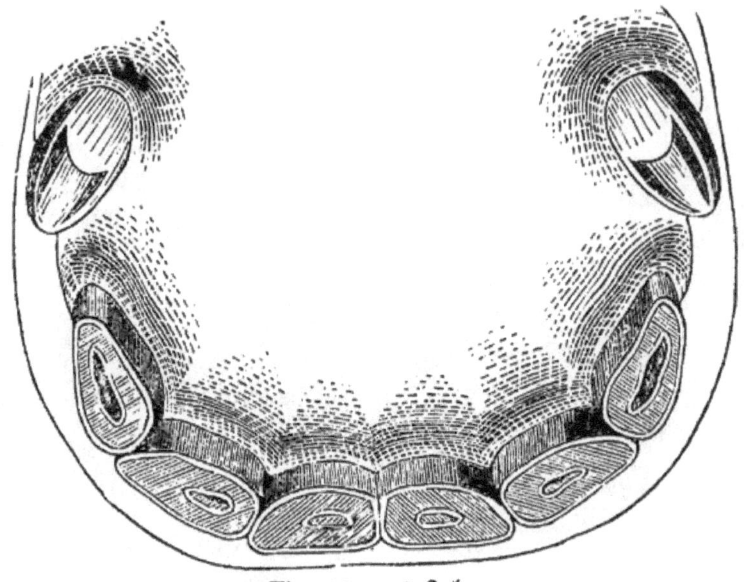

Fig. 20. 10 Jahr.

Zeigt den 10 Jahr alten Oberkiefer, wo die Kunde ar den Mittelzähnen schon abgerieben ist.

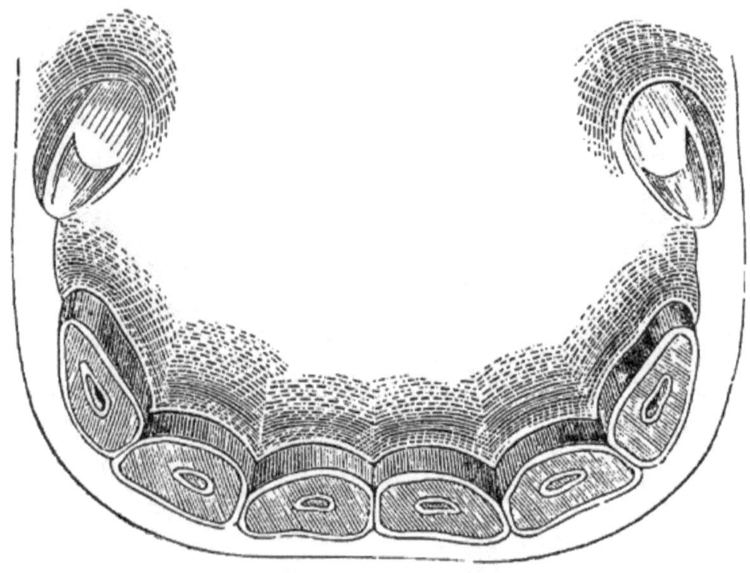

Fig. 21. 11 Jahr.

Stellt den 11 Jahr alten Oberkiefer dar,. wo die Kunden an den Eckzähnen bereits abgerieben sind.

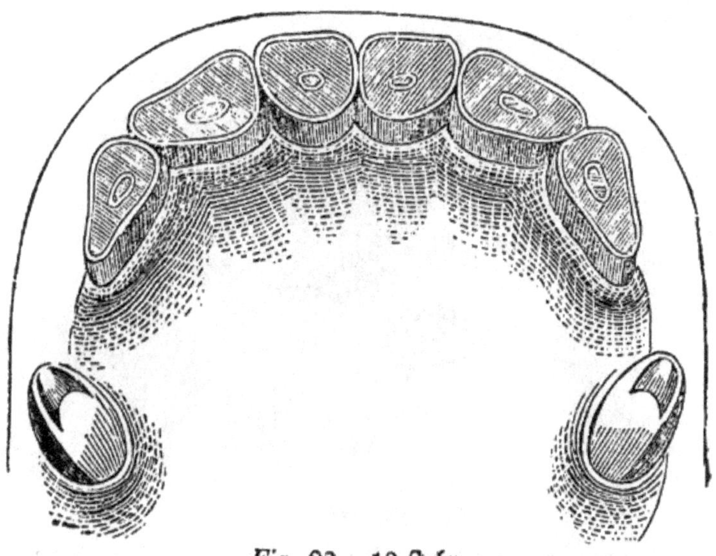

Fig. 22. 12 Jahr.

Mit 12 Jahren sind die Zangen im Unterkiefer so dick als breit oder gerundet. Die Mittelzähne nähern sich der Rundung und die Eckzähne gewinnen an der Dicke.

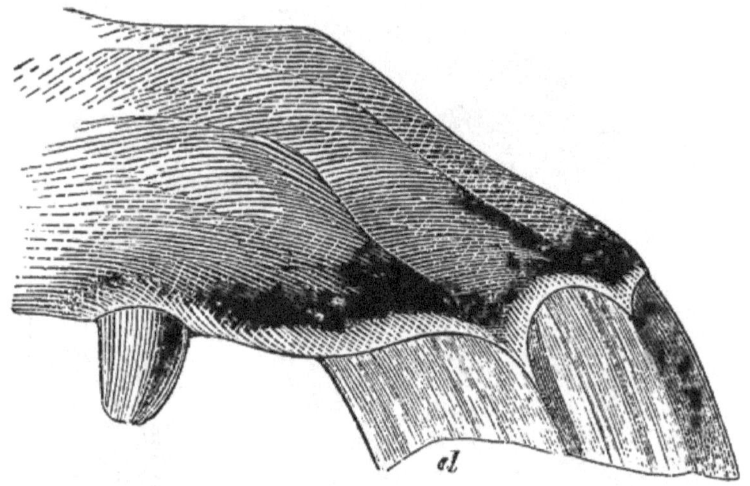

Fig. 23. 12 Jahr.

Ein von der Seite dargestellter Oberkiefer zeigt den mit **12** Jahren vergrößerten Einbiß *d* am Eckzahn.

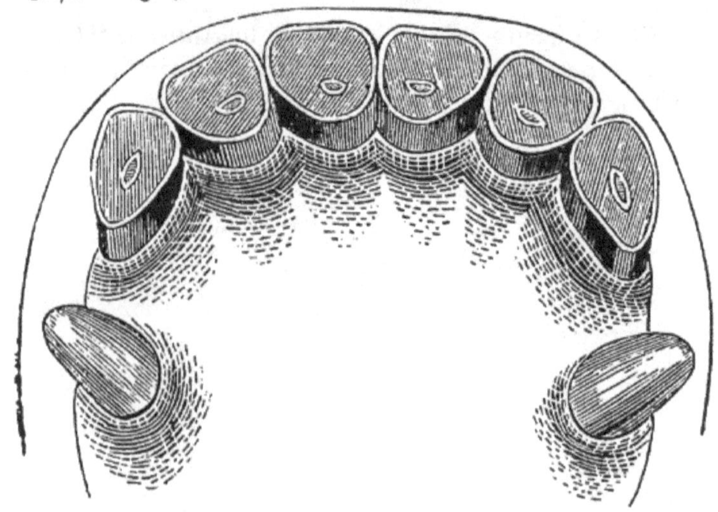

Fig. 24. **13** Jahr.

Ein 13 Jahr alter Unterkiefer hat gerundete Zangen- und Mittelzähne, wo die Eckzähne an der Dicke zunehmen und die Haken stumpf werden.

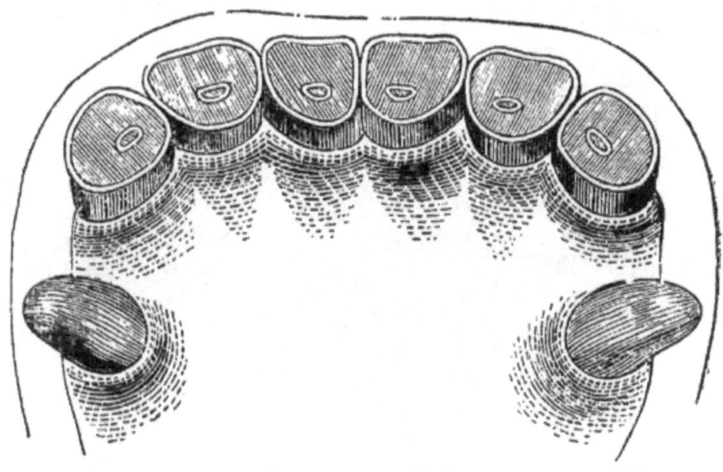

Fig. 25. 14 Jahr.

Mit 14 Jahren rundet sich der Eckzahn im Unterkiefer.

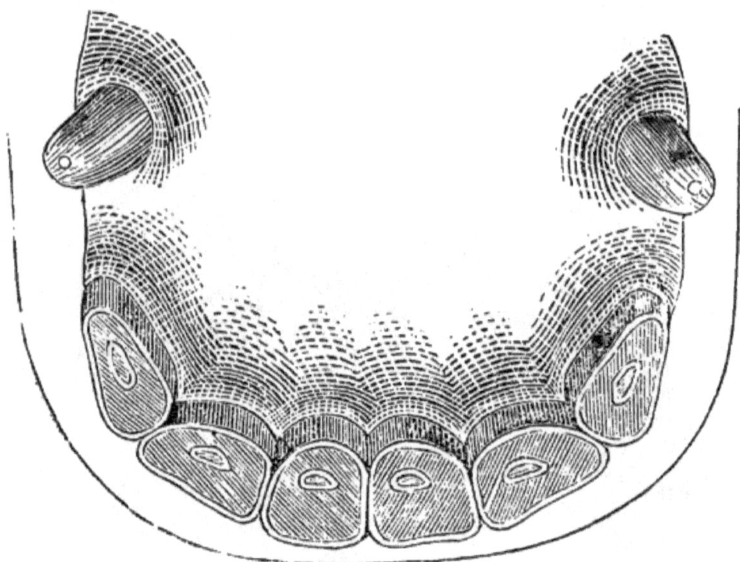

Fig. 26. 15 Jahr.

Mit 15 Jahren sind die Zangen im Oberkiefer gerundet.

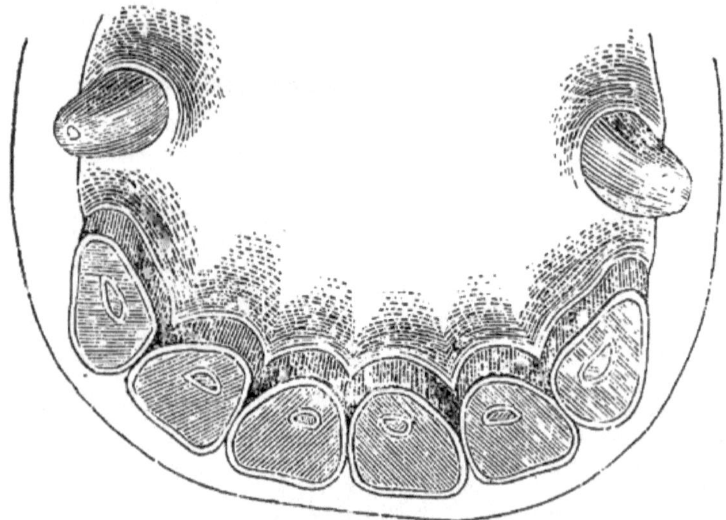

Fig 27. 16 Jahr.

Mit 16 Jahren sind die Mittelzähne im Oberkiefer gerundet.

Fig. 28. 17 Jahr.

Mit 17 Jahren sind die Eckzähne im Oberkiefer gerundet.

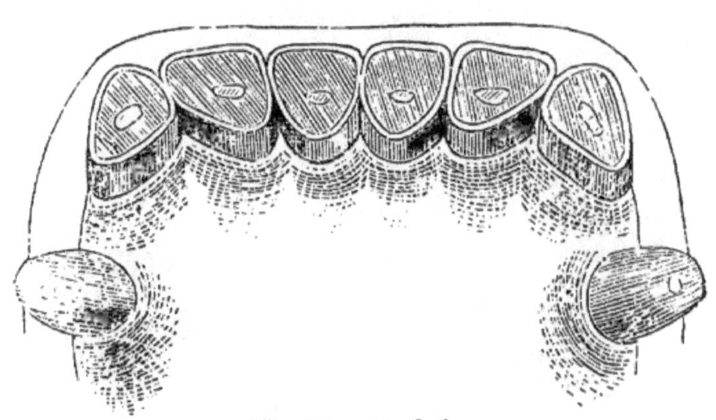

Fig. 29. 18 Jahr.

Mit 18 Jahren sind die Zangen im Unterkiefer dreieckig.

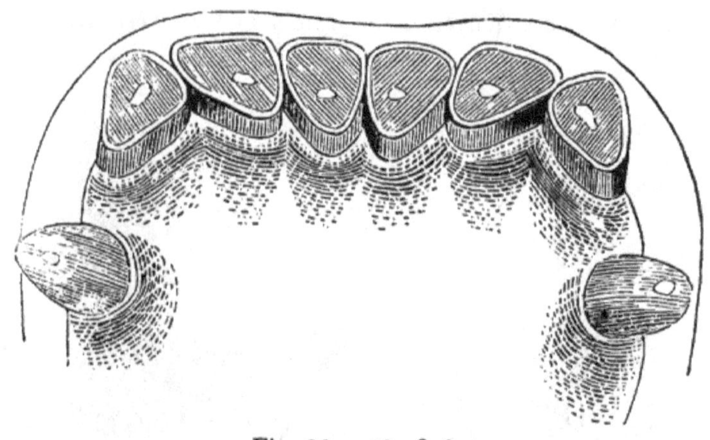

Fig. 30. 19 Jahr.

Mit 19 Jahren sind die Mittelzähne im Unterkiefer dreieckig.

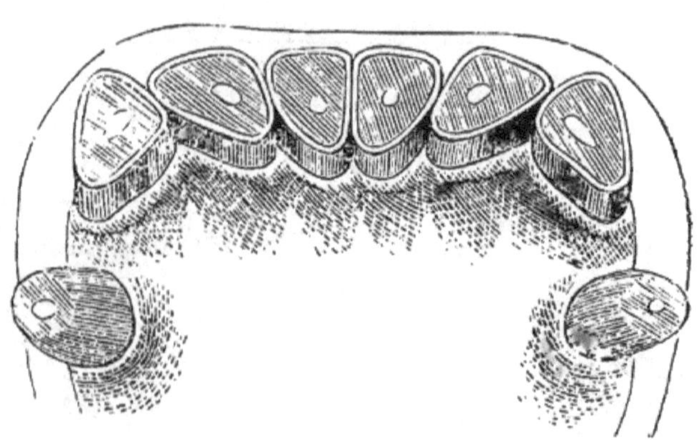

Fig. 31. 20 Jahr.

Mit 20 Jahren sind die Eckzähne im Unterkiefer dreieckig.

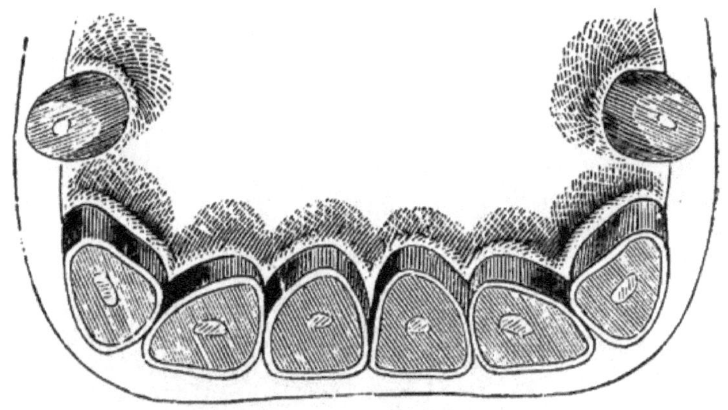

Fig. 32. 21 Jahr.

Mit 21 Jahren sind die Zangen im Oberkiefer dreieckig.

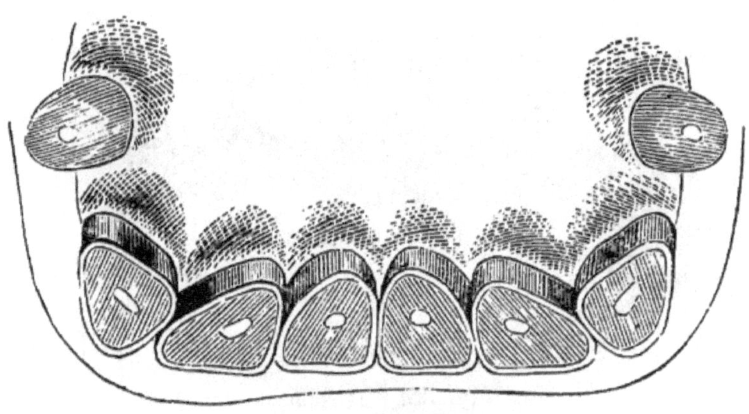

Fig. 33. 22 Jahr.

Mit 22 Jahren sind die Mittelzähne im Oberkiefer dreieckig.

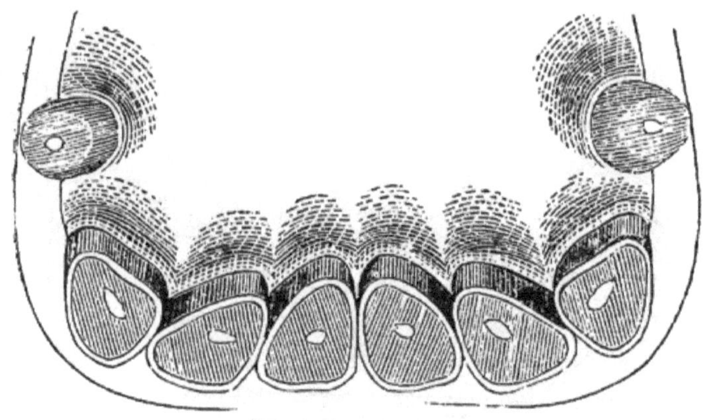

Fig. 34. 23 Jahr.

Mit 23 Jahren sind die Eckzähne im Oberkiefer dreieckig.

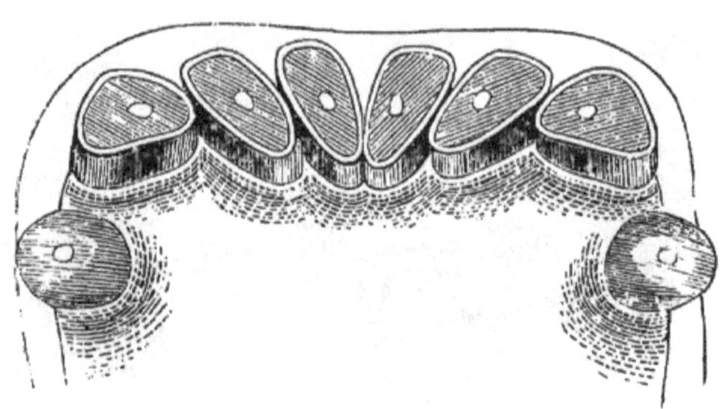

Fig. 35. 24 Jahr.

Mit 24 Jahren sind die Zangen im Unterkiefer zweimal so dick wie breit.

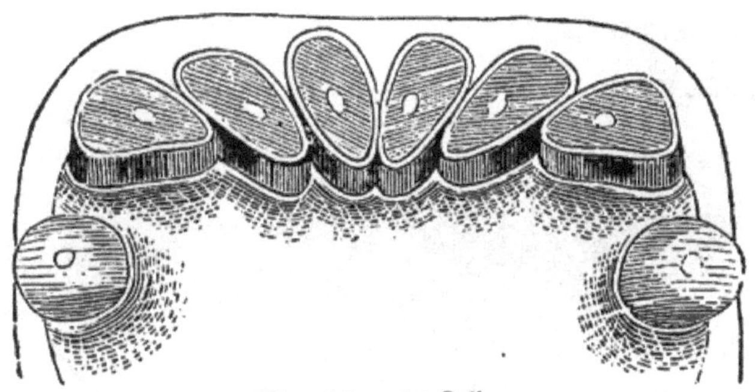

Fig. 36. 25 Jahr.

Mit 25 Jahren ist dies bei den Mittelzähnen der Fall.

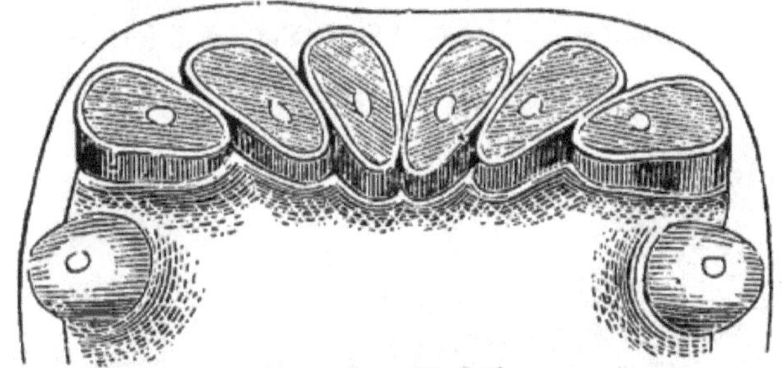

Fig. 37. 26 Jahr.

Mit 26 Jahren sind die Eckzähne zweimal so dick als breit.

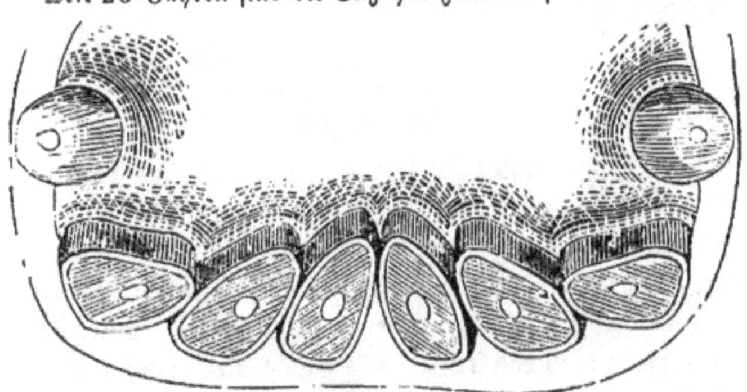

Fig. 38. 27 Jahr.

Mit 27 Jahren sind die Zangen im Oberkiefer zweimal so dick als breit.

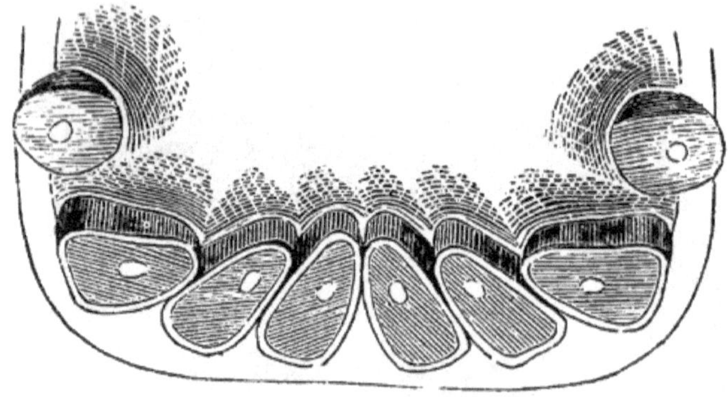

Fig. 39. 28 Jahr.

Mit 28 Jahren sind dies die Mittelzähne im Oberkiefer.

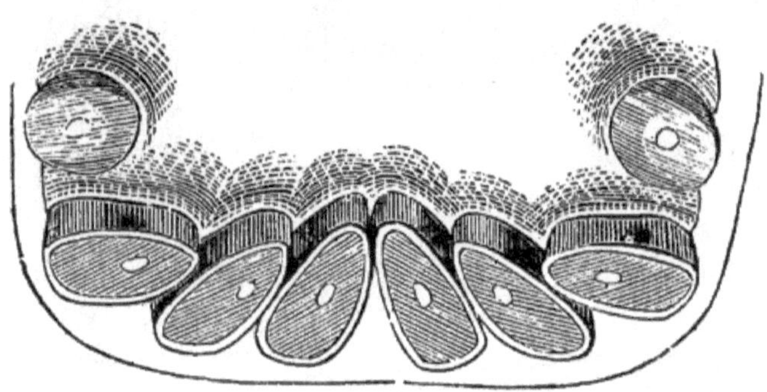

Fig. 40. 29 Jahr.

Mit 29 Jahren sind die Eckzähne des Oberkiefers zweimal so dick als breit.

Hieraus ist nun zu ersehen, daß, so lange die Zähne ihre reguläre Länge beibehalten, an einer bestimmten Erkennung des Alters nicht zu zweifeln ist. Aber auch bei zu langen irregulären Zähnen kann das Alter mit Genauigkeit bestimmt werden, und zwar wie folgt: Wir haben gesehen, daß die Zähne jedes Jahr eine Linie nachschieben, sich aber nicht im selben Maaß abreiben können, wenn die Zähne zu weit aus dem Maule hervorstehen. Um nun aber das Alter genau zu erkennen, hat man nur nöthig, sich die Kunde genau anzusehen. Angenommen z. B. die Kunde zeigte 8 Jahr, die Zähne wären aber für dieses Alter 4 Linien zu lang, so folgt daraus, daß das Pferd 12 Jahr alt ist.

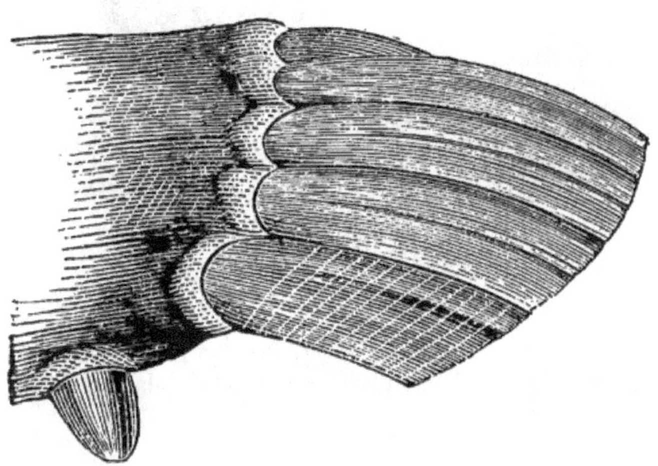

Fig. 41. 20 Jahr.

Zeigt einen Zahn, der 12 Linien zu lang ist. Die Kunde zeigt 8 Jahre. Da sich nun dieser Zahn in 12 Jahren nicht abgerieben, aber jedes Jahr eine Linie nachgeschoben hat, so muß man zu der Kunde von 8 Jahren die 12 Linien zu lang mit 12 Jahren zurechnen, dann erhält man das richtige Alter, nämlich 20 Jahr.

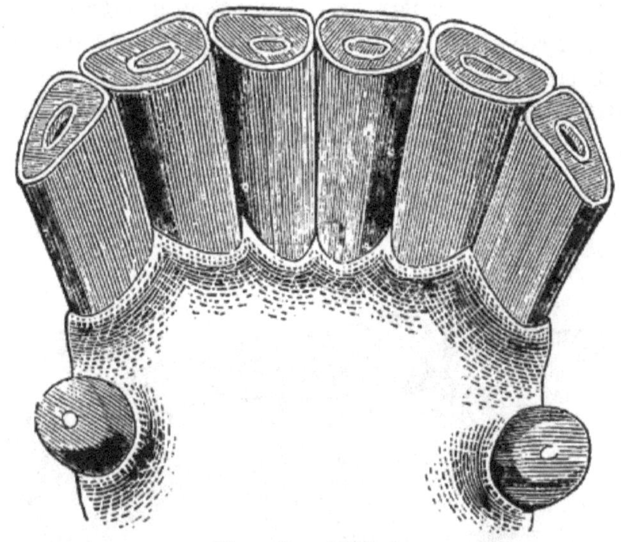

Fig. 42. 20 Jahr.

Derselbe 20 Jahr alte Unterkiefer von innen betrachtet, an dem die Reibfläche 8 Jahre zeigt, und wenn (s. folgende Seite)

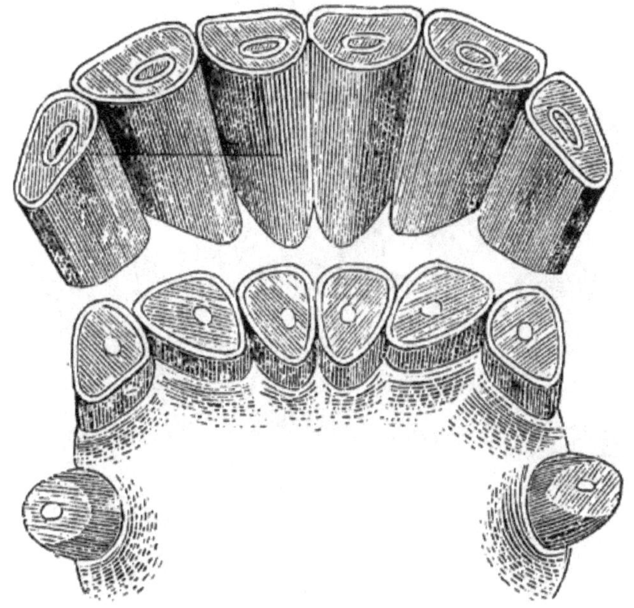

Fig. 43. 20 Jahr.

die überflüssige Länge hinweggeschnitten wird, so sieht man die mit 20 Jahren angemerkte Reibfläche.

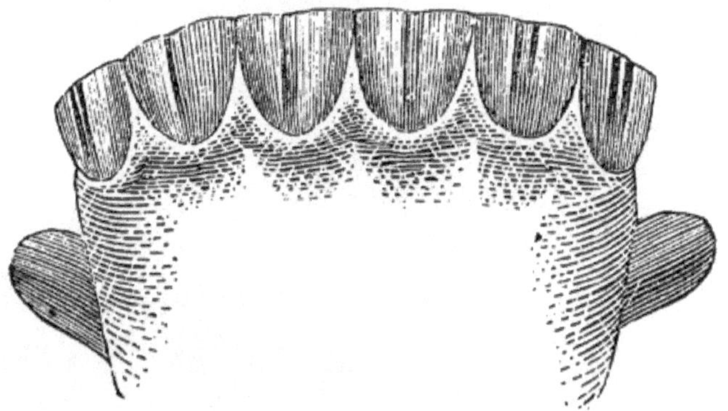

Fig. 44. 20 Jahr.

Zeigt die wahre Länge und Ansicht des 20jährigen Unterkiefers von Außen.

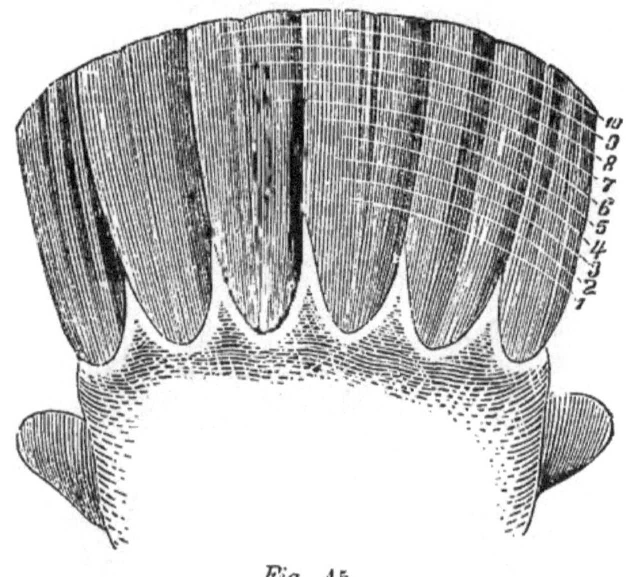

Fig. 45.

Zeigt einen Unterkiefer mit 10 Linien zu langen Zähnen.

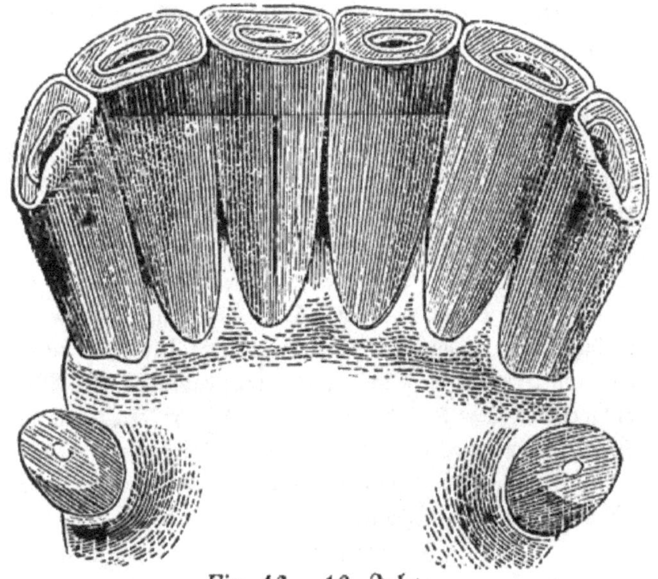

Fig. 46. 16 Jahr.

Derselbe Kiefer von innen betrachtet, zeigt die Kunde von 6 Jahren, ist aber 10 Linien zu lang, weßhalb der Kiefer ein Alter von 16 Jahren hat.

Ganz große Pferde haben natürlich auch größere Zähne, und diese stehen auch länger, 1 bis 2 Linien, aus dem Zahnfleisch hervor; dies kann man bei gewissen Racen und bei jungen Pferden leicht beobachten. Die übrigen Kennzeichen bleiben dieselben und man kann deßhalb das Alter mit derselben Genauigkeit bestimmen, wie das Alter von Pferden mittlerer Größe.

Es giebt Racen, wie z. B. die spanischen, die sich langsamer ausbilden, als die gewöhnlichen. Die Knochen scheinen härter und die Zähne wechseln etwas später und scheinen sich auch langsamer abzureiben. Es kommt vor, daß solche Pferde nach ihrem fünften Jahre 1, mitunter 2 Jahre jünger erscheinen, als sie wirklich sind. Dies hat aber auf den Werth eines solchen Pferdes keinen nachtheiligen Einfluß. Denn wenn ein solches

Pferd nach seiner Kunde erst 6 Jahre zeigt und wirklich schon 7 Jahre alt ist, so vermindert das seinen Werth nicht im Geringsten; solche Pferde sind in der Regel sehr dauerhaft.

In Gegenden, wo der Boden sehr reich ist und deshalb die Pferde sehr üppig aufwachsen, kommt es vor, daß mit jungen Pferden eine große Betrügerei gemacht wird. Die Pferde werden dort älter gemacht, als sie wirklich sind, um sie schneller in den Markt zu bringen. Man bricht ihnen mit Gewalt die Schneidezähne aus, in der Regel ein Jahr früher, als sie von selbst schieben, um die Pferde ein Jahr älter zu machen, damit sie besser verkauft werden können. Ein 2 Jahr altes Füllen, wenn es zu schweren Arbeiten verwandt werden soll, hat nicht den Werth, als wenn es schon 3 Jahr alt, und ein 3 Jahr altes nicht den Werth, als wäre es schon 4 Jahr alt. Argwöhnt man eine solche Betrügerei, so kann sich Jeder bald überzeugen, wenn er die noch vorhandenen Füllenzähne genau betrachtet.

Wären z. B. die Zangen schon geschoben, und die Eckzähne wären wie Fig. 5 im innern Rande noch nicht zur Reibung gekommen, so wäre dadurch zu erkennen, daß das Füllen erst ein Jahr alt ist, und so wird man den Betrug leicht entdecken.

Wenn einmal die Füllenzähne mit Gewalt ausgebrochen werden, so schieben auch bald die jungen Pferdezähne nach.

Hat jedoch Jemand dies Buch genau gelesen und die angegebenen Regeln inne, sich mit dem Zahnwechsel, wie mit der Abreibung der Füllenzähne genau bekannt gemacht, so wird er leicht erkennen, wenn ein Betrug vorliegt.

Anderseits giebt es Betrüger die die Pferde durch Brennen von künstlichen Kunden jünger zu machen suchen, als sie wirklich sind, allein auch dieses ist leicht nachzuweisen.

Die Zangen in Fig. 10 haben um die Kunde herum eine Emaille. Man betrachte nun einen 16 Jahr alten Zangenzahn. Bei der Kleinheit des Kreises der Emaille dieses Zahns ist leicht einzusehen: daß, wenn man eine so große Kunde, wie in den Zangen eines 4½jährigen Zahnes brennen oder stechen wollte, die ganze Emaille zerstört würde. Außerdem ist der

16 Jahre alte Zahn nicht einmal breit genug, daß die wirkliche $4^1/_2$ Jahre alte breite Kunde darin Platz hätte.

Es gibt auch Krippenbeißer, die dadurch, daß sie die Vorderzähne abnutzen, dann einige Jahre älter scheinen, als sie wirklich sind. Allein an den Eckzähnen, die nur sehr selten mit abgerieben werden, kann man das Alter doch genau erkennen. Sollten jedoch auch diese mitabgerieben sein, so muß die fehlende natürliche Länge der Zähne abgerechnet werden, und das Pferd ist so viele Jahre jünger, als die Zähne-Linien zu kurz sind.

Dies kommt auch bei Pferden vor, die von Jugend auf viel Mais fressen und sich denselben von den Kolben selbst abschälen müssen.

Bei Maulthieren kann man nicht mit derselben Sicherheit das Alter erkennen, wie bei Pferden. Nach dem achten Jahre erscheinen sie in der Regel jünger, als sie wirklich sind. Ihr Knochenbau ist ein viel härterer, und ihre Lebensdauer oft die doppelte von der eines Pferdes.

In allen bisher erschienenen Werken über das Pferdealter, war dies bis zum achten Jahr mit Genauigkeit beschrieben. Von da an war die Beschreibung so unklar, daß man nur auf ein Errathen angewiesen war. Durch anatomische wie physiologische Kenntnisse, sowie durch Jahre lange mühevolle Beobachtungen an todten wie lebenden Pferden von bestimmtem Alter, überzeugte sich der Verfasser, daß man nach dem achten Jahre das Alter eines Pferdes mit derselben Genauigkeit bestimmen kann, wie vorher.

Der Verfasser wird sich hinlänglich belohnt fühlen, wenn das Werk Vielen ein nützlicher Führer wird.